EDUARDO GUERREIRO B. LOSSO

MÍSTICA E ANTI-MÍSTICA

CADERNOS ULTRAMARES

ORGANIZAÇÃO E PROJETO GRÁFICO
Marcos Lacerda, Ana Paula Simonaci e Sergio Cohn

ISBN 9786586962710

azougue press |
coordenação geral Sergio Cohn
coordenação editorial
Sergio Cohn — Darien Lamen — Cristián Jiménez Plaza
Brasil | CNPJ 12.272.339/0001-26
Portugal | Oca Editorial NF 515805394
USA | E. Id. 803650511
Chile | Tucán Ediciones RUT 77.369.106-1

A proposta dos Cadernos Ultramares é transpor fronteiras. Não apenas geográficas, com a edição de um amplo panorama do pensamento brasileiro para o público português, mas também entre as áreas do saber, criando uma coleção transdisciplinar, acessível não apenas para leitores especializado, pesquisadores e acadêmicos, como para interessados em geral.

Para isto, os Cadernos Ultramares privilegiam a leveza do ensaio, a "brigada ligeira", utilizando-se de um gênero marcado pela abertura e experimentação, uma forma privilegiada para a proposição e a apresentação de interpretações da cultura e da sociedade. Nos últimos anos, o gênero ensaio tem sido revalorizado como um importante meio de diálogo entre a pesquisa acadêmica e a sociedade.

O Brasil possui uma produção riquíssima de pensamento em diversas áreas, que vão da física à antropologia, da matemática às artes. Os Cadernos Ultramares, ao trazerem importantes textos de alguns dos nossos mais renomados pensadores, sejam clássicos ou contemporâneos, busca possibilitar ao leitor um olhar amplo e qualificado sobre essa produção.

Interessa-nos a constituição de um diálogo entre áreas, de uma conversa aberta que escape das armadilhas do pensamento especializado e do produtivismo acadêmico. Interessa, antes de tudo, a valorização do encontro do leitor com o sabor do texto, do prazer da leitura e da troca livre de pensamento.

apresentação

POR SERGIO COHN

No segundo semestre de 2017, tive a felicidade de ministrar, em parceria e a convite de Eduardo Guerreiro B. Losso, um curso de pós-graduação na Faculdade de Letras da UFRJ. O tema do curso, que uniu nosso interesse, foi entender como uma "tradição delirante" da cultura brasileira se tornou invisível dentro das leituras históricas predominantes.

As aulas conjuntas foram uma feliz oportunidade de me aproximar das pesquisas e ideias de Eduardo Guerreiro B. Losso, um dos intelectuais mais interessantes da minha geração. Professor associado de Teoria Literária do Programa de Pós-Gradução em Ciência da Literatura da UFRJ e membro permanente do Programa de Pós-Graduação em Ciência da Literatura da UFRJ, Eduardo é autor de *Sublime e violência — Ensaios sobre poesia brasileira contemporânea* (2018) e organizou os livros *O carnaval carioca de Mário de Andrade* (Azougue, 2011) e *Música Chama* (Circuito, 2016), sobre o coletivo Chama, formado por compositores como Thiago Amud e Thiago Thiago de Mello.

Acompanhar o pensamento de Eduardo é sempre instigante: ele se coloca num lugar de risco, de pensar o que está deslocado das pesquisas usuais acadêmicas, com uma liberdade e uma coragem rara. O que possibilita releituras originais da nossa cultura, permitindo a inclusão de outros autores e perspectivas. Em especial, o interesse do autor pela questão do misticismo, a partir de um olhar livre. Como ele mesmo declara,

meu estudo da mística não é místico, logo, não se propõe nem a apontar algum tipo de mística em escritores modernos, muito menos em prometer alguma "chave de leitura mística" de suas obras. Se o interlocutor quer chegar ao suprassumo da manifestação divina na elevação genial da obra literária, só posso decepcioná-lo. É precisamente por causa desse tipo de demanda transcendente que a crítica laica rejeita qualquer exame da relação entre literatura e mística: quem busca mística em literatura, quer encontrá-la a todo custo, logo, não respeita a autonomia da obra. No meu trabalho, é preciso percorrer muitos problemas e dificuldades para que o difícil relacionamento entre críticos e místicos encontre algo diferente do que irritação e repúdio mútuo entre as partes.

Em entrevista recente para a revista *Toró*, realizada por Priscila Branco e Paula Albuquerque, Eduardo aprofundou sobre o seu interesse pela mística:

Percebi uma contradição que não foi bem pensada: por um lado, muitos motivos de pensamento da filosofia moderna bebem diretamente de fontes teológicas; por outro, há uma grande ruptura entre filosofia moderna e teologia, que se reflete numa separação de espaços públicos mais geral entre instituição acadêmica e Igreja, ou ainda, entre meio artístico-universitário e meios religiosos e espiritualizantes.

Nunca fui religioso, sempre me senti ou artista ou crítico, e com o tempo meu ateísmo só se fortaleceu. Ao contrário da maioria das pessoas, a consolidação de meu ateísmo não me levou a abandonar o interesse intelectual pela religião. Ao longo do tempo fui percebendo que a maioria de professores e pesquisadores preferem sempre evitar tematizar questões difíceis. Como sou um sujeito teimoso, vi na dificuldade de enfrentamento dessa problemática um campo imenso, pouco ou nada explorado, para examinar, deslindar e discernir demoradamente elementos confusos. É um terreno onde normalmente, nos meios não religiosos, só encontrei evitações, descartes, recusas, conflitos, silenciamentos e reações irritadas.

Por outro lado, em meios teológicos e de ciência da religião, evidentemente que há todo o interesse. Ainda assim, espanta que pesquisadores da religião estudem questões modernas e laicas e estudiosos de literatura laicos não estudem nada de questões religiosas e dimensões de espiritualidade na literatura moderna. Outra coisa que muito me ajudou foi que Christoph Türcke, meu orientador de doutorado na Alemanha, que se tornou um grande amigo, é um dos maiores atualizadores da teoria crítica e escreveu vários livros sobre a relação entre laicidade e religião. Organizei várias vindas dele para o Brasil, escrevi sobre sua obra e traduzi um artigo e um livro. Na verdade, na Alemanha, na França e mesmo nos EUA, o interesse de filósofos por questões teológicas têm sido cada vez mais comum, vide os livros de Badiou, Agamben, Nancy e Eagleton sobre teologia e cristianismo em geral. Nesse sentido, é o Brasil que está atrasado.

Por isso que encontrei, no difícil lugar que ocupo, um horizonte inexplorado e interminável de problemas a serem tratados com esmero e cuidado.

A palavra "mística" provoca imenso fascínio em meios espiritualizantes e imensa repulsa em meios acadêmicos. Geralmente, nem um nem outro conhecem o longo percurso que o vocábulo percorreu ao longo dos séculos, o que explica suas reações apaixonadas.

Michel de Certeau e Wouter Hanegraaff são os melhores pesquisadores para entender o trajeto da noção. Há historiadores, como Kurt Ruh na Alemanha e Bernard Mcginn nos EUA, que escreveram vários tomos de história da mística ocidental. Costumo dizer aos irritados e aos siderados que a mística foi uma das temáticas mais estudadas pela universidade. Há uma teoria da mística, evidentemente interdisciplinar, que envolveu o nascimento das áreas de psicologia, sociologia, antropologia e, last but not least, história e teoria literária. Eu defendo que diferentes dimensões da mística são imprescindíveis para entender elementos essenciais da literatura moderna, não só de autores assumidamente cristãos, como Murilo Mendes e Jorge de Lima, ou assumidamente 'místicos', como se dizia Guimarães Rosa, mas também toda a literatura que lida com uma experiência negativa, ou uma experiência cósmica, ou um topos que já chamei de eternidade no instante. Sabemos que, indo por esse caminho, a lista de obras e autores aumenta muito. Tudo aquilo que está permeado daquilo que Octavio Paz denominou de analogia da poesia moderna inevitavelmente toca nesse terreno.

Quem recusa a palavra como mero sinônimo de superstição, crendice, alienação e manipulação eclesiástica desconhece completamente todo esse campo de estudo e toda a história por trás. Forma-se um tabu laico em torno de qualquer coisa que cheire religião, porque, no nível raso da mera repulsa, tudo o que é religioso se resume a evangélicos querendo te converter. Se você fala muito sobre isso, é porque provavelmente é um pastor. O melhor é não mencionar a palavra. Mística é uma espécie de Voldemort: quem a pronuncia, está contaminado pelo vírus da alienação. Nesse caso, a mística é vista como uma espécie de coronavírus das especulações que tocam o inefável. Intelectuais desencantados entram em pânico com ela: não param de se descontaminar.

Eu sei muito bem o lado alienante da religião, o perigo de seitas suicidas e a ameaça à democracia representada pela bancada evangélica. Mas João da Cruz, Teresa de Ávila e Eckhart são uma coisa (são autores místicos tradicionais); Baudelaire leitor de Swedenborg e Novalis leitor de Paracelso são outra coisa (são fundadores da poesia moderna essencialmente influenciados pela prática renascentista das correspondências); esoterismo e teosofia são uma terceira coisa (influenciaram o simbolismo e vanguardas literárias); Jim Jones é uma quarta coisa e evangélicos são uma quinta coisa completamente diferente. Se você quer apontar o perigo de ilusão da mística, é preciso estudar história e teoria da mística. Se você quer defender a abertura das portas da percepção, é preciso estudar história e teoria da mística. Se você quer afirmar ou negar a ligação entre mística e literatura, é preciso estudar história e teoria da mística. O problema dos intelectuais ateus (meus colegas) que não querem saber da mística é que em vez de eles abrirem uma possibilidade de estudo, eles a evitam com medo da contaminação generalizada do encantamento. Costumo dizer que estudar uma coisa não é e não deveria ser defendê-la. Eu não defendo a mística, mas defendo, sim, o estudo da mística. Bem, eu compreendo a reação pouco ou nada consciente deles: tal banimento do estudo de mística na academia também tem uma história, já contada em detalhes por Wouter Hanegraaff e que não vou mencionar aqui.

Podemos dizer que a mística é um veneno-remédio, um phármakon, nos termos que o grandioso ensaísta José Miguel Wisnik colocou para o futebol. Não cabe aos intelectuais recusar um phármakon como veneno (assim como Platão o fez com a escrita e mesmo com a própria poesia), cabe examiná-lo demoradamente em seu laboratório epistemológico e observar quando ele se comporta como veneno, quando ele se comporta como remédio e quando sequer é possível distinguir uma coisa da outra (o que é dialeticamente mais instigante).

Desta forma, Eduardo se coloca num lugar de desconforto, que permite o trato sobre questões relevantes para a compreensão da cultura brasileira e que muitas vezes foram relegadas a um segundo plano por conta de preconceitos de leitura. Um trabalho árduo, que passa pela constituição de um arcabouço crítico através de material escasso.

Ao discutirmos o curso, falávamos que ocorria na pesquisa sobre cultura brasileira (e especialmente literatura) um efeito de "boca de jacaré", que se abre para os extremos: os temas, autores e abordagens predominantes ganhavam quantidade e qualidade, enquanto os relegados à marginalidade cada vez mais perdem espaço e repercussão. As políticas institucionais são fundamentais na criação desse problema: centram incentivos em poucas tendências, desestimulando a pluralidade de pesquisas. De bolsas a cargos, há um trabalho de afunilamento contraproducente para o pensamento acadêmico e para a cultura.

De forma fundante na atuação acadêmica e intelectual de Eduardo, está o posicionamento contrário a esse estreitamento das possibilidades críticas. Como ele mesmo coloca,

Dentro da teoria literária, há uma corrente de estudos do imaginário, baseada em Jung, Bachelard e Gil-

bert Durand, que buscou critérios metodológicos para o tipo de leitura hermética ou esotérica. Ainda que ela se encontre minoritariamente atuante, a maior parte da crítica, seja a marxista, psicanalítica, desconstrucionista, feminista, negra ou pós-colonial, despreza esse tipo de visão. Geralmente ela não se destaca em grandes congressos nem na arena das discussões teóricas. A erudição que o crítico hermético mobiliza é não só desconhecida da maioria dos outros críticos como desperta desconfiança e indiferença. Afinal, parece que ele só quer chegar a uma sabedoria hermética arcaica e unificadora.

A crítica laica (permito-me chamá-la assim, na falta de nome melhor) é pós-iluminista: ela tem por princípio o questionamento da submissão da literatura a doutrinas religiosas, pois tal subserviência impede a liberdade ficcional e também a liberdade interpretativa. Por isso, é imperativo sempre separar a literatura da religião, pois religião sempre significa, para ela, espírito de culto, obediência e superstição. O sentido marxiano das palavras mística e mistério sempre resguarda esse traço semântico.

Quando se apresentam os maiores nomes da literatura moderna, ao longo do século XVIII até hoje, suas conquistas são vistas como uma série de graus de emancipação da forma e da temática literária em re-

lação à tradição cristã. Salientam-se seus gestos subversivos contra todo tipo de conservadorismo moral e estético. O legado autoritário da relação entre teologia e literatura fez com que a crítica laica nunca veja em qualquer apreciação "religiosa", "metafísica", "mística" da literatura senão a sombra do rosto do carrasco norteador. Ela resiste a apreciar a poesia da mística: que exista alguma implicação entre as duas, disso ela prefere não se ocupar. A filosofia do século XX e XXI é crítica da transcendência, busca incansavelmente se desfazer, na medida do possível, de qualquer raiz metafísica, logo, se alguém defende a metafísica de uma obra ou autor, não pode esperar boa acolhida.

Como eu lido com isso? Faço de meu trabalho o verdadeiro lugar de discussão desse impasse.*

Esse não-lugar reflexivo não apenas está permitindo a Eduardo a constituição de uma obra singular, de grande qualidade e importância, como também o questionamento de dogmas da pesquisa acadêmica atual:

É necessário acrescentar que não há só a oposição entre crítica esotérica e laica. Dentro da área de teologia se valoriza, mesmo que com resistências, o estudo de autores que se tornaram "doutores místicos" da Igre-

ja, que foram inclusive canonizados, como Bernardo de Claraval, Teresa de Ávila, João da Cruz. Eles fazem parte do tesouro do saber teológico. Já o caso do ocultismo e o esoterismo é outro. Talvez eles sejam parcialmente reconhecidos no seu despontar renascentista, especialmente em casos como o do filósofo protestante Jakob Böehme, mas são rechaçados quando explodiram na França e foram mais influentes na literatura, isto é, no século XIX. Isso significa que, se a crítica laica dispensa a mística e o esoterismo, a crítica teológica cuida de sua mística, e por isso mesmo ela é considerada de alto nível, mas recusa o esoterismo. A área de Ciência da Religião, que cresceu no Brasil nos anos 1990 e hoje tem alguns departamentos espalhados pelo país, a rigor deveria dar conta de todos os fenômenos religiosos na sua pluralidade, porém, como a maioria dos seus professores foi formada pela teologia, ela não chega a se ocupar desse setor de manifestações religiosas.

Existe um problema que considero dramático nas áreas das ciências humanas mais especulativas: parece que a escolha de um objeto de estudo necessariamente sempre implica na adesão a ele. Pesquisadores passam a ser defensores dos autores que estudam e, mesmo quando exercitam a crítica de suas posições políticas, é para melhor defender o valor literário e filosófico. O que falta é um senso mais abrangente de história in-

telectual: mapeamento de tendências, correntes, zonas de influência e intertextualidade, contaminações ou choques entre meios literários e religiosos. Quando Octavio Paz afirma, seguindo Breton, que o esoterismo foi determinante para muitos escritores, e que o conceito de analogia, central para sua teoria da poesia moderna, não vive sem ele, a crítica laica deixa tal aspecto da reflexão do teórico mexicano de lado, enfim, mais uma vez, evita, elide, dispensa. Seria desejável abandonar os fervores ideológicos de correntes e filosofias, e estudar um pouco mais o campo intelectual com menos impulsos de repúdio e adesão, que, repito, no fundo traem atitudes curiosamente religiosas dentro da arena dos combates intelectuais.

Logo, minha defesa do estudo da mística, que é realmente de alto nível teológico e literário, é também uma defesa do estudo do esoterismo, seja ele valorosamente interessante ou não. O valor do esoterismo deveria ser posto em suspenso. Ocupemo-nos de história intelectual, depois, se for o caso, pensemos com muita calma questões de valor, que, no caso do esoterismo, vão tocar na ostentação da ilusão, que encanta os ingênuos e irrita profundamente os desconfiados. Minha questão não é discutir o valor disso ou daquilo, é discutir os problemas do próprio conceito de valor nas violentas contendas entre literatura e religião.

O esoterismo é o patinho feio de todas as áreas do conhecimento, e carece de qualquer reconhecimento na academia: filosófico, moral, estético. Ele é um produtor e reprodutor de mitos, não há dúvida, mas é mais do que isso: é um sistematizador de mitologia. Propõe grandes sínteses de todas as religiões e saberes, buscando a verdade eterna subjacente. Guimarães Rosa, que se considerava eclético (Sperber insiste nisso), está interessado tanto na mística quanto no esoterismo. As famosas epígrafes dele são predominantemente de místicos (um proto-místico, Plotino , e um místico flamengo, Ruysbroeck). Mas na biblioteca comparecem, além dos místicos centrais — Eckhart, Teresa e João da Cruz —, grandes nomes do esoterismo, tanto os renascentistas e barrocos, como Paracelso e Böhme, que, como eu disse, ainda são um pouco levados em consideração, como os iluminados (século XVIII) e modernos (XIX e XX), Swedenborg e Guénon — por quem, segundo relatos, ele nutria grande admiração.

Walter Benjamin escreveu, no seu ensaio sobre o surrealismo, um trecho impressionante: "Seria o momento de pensar numa obra que como nenhuma outra iluminaria a crise artística, da qual somos testemunhas: uma história da literatura esotérica. Não é por acaso que essa história ainda não existe". O máximo da ironia é que ele tenha sonhado com essa obra para esclarecer a crise da arte do seu tempo, e que passagens como essa continuem sendo soberanamente ignoradas pelos mais dedicados benjaminianos, tão exegetas de sua obra quanto os rosianos.

Cabe a pergunta: essa obra foi realizada? Não por benjaminianos, mas foi, sim. Há historiadores do esoterismo que não são esotéricos, isto é, são professores laicos, não iniciados, que examinam o fenômeno ao longo da história e estudam suas ocorrências e relações interdisciplinares com outras áreas. Cito dois: Antoine Faivre , mais velho, que foi inclusive traduzido para o português, e Wouter Hanegraaff , mais novo, da Universidade de Amsterdam, que ocupa a cadeira de História da Filosofia Hermética. O trabalho acadêmico de Hanegraaff é uma das melhores novidades que surgiram nos últimos vinte anos a esse respeito. Como se vê, lá fora o Ocidente, que tanto rejeitou o seu outro dentro dele mesmo, está mudando.

Há muito o que estudar, no Brasil, não só sobre espiritismo, que geralmente é a manifestação mais visível, mas também diversos tipos de messianismo, especialmente o sebastianismo, que está presente de algum modo em Rosa e vai se desdobrar em Glauber Rocha e Caetano, a partir de leituras do filósofo português Agostinho da Silva, que é um personagem extremamente interessante nessa história. Sperber se ocupa das possíveis raízes judaicas no Brasil e do sabastianismo em Caos e cosmos. Há também um simbolista brasileiro central da minha pesquisa, chamado Dario Vellozo, que fundou o Instituto Neo-Pitagórico – cujas publicações encontravam-se na biblioteca de Rosa – e foi extremamente atuante na maçonaria curitibana.

Fora Suzi Sperber, na crítica de Rosa, há alguém, no Brasil, que trabalhou a relação entre mística, esoterismo e literatura moderna com rigor historiográfico e teórico? Por incrível que pareça, tenho uma resposta afirmativa para essa pergunta. O livro Um obscuro encanto: gnose, gnosticismo e poesia moderna (Rio de Janeiro: Civilização Brasileira, 2010), de Claudio Willer, de 2010, grande poeta e tradutor, é uma verdadeira história bem detalhada da presença do gnosticismo na poesia moderna, tanto europeia quanto brasileira. Tal livro foi seguido de outro, Os rebeldes. Geração Beat e anarquismo místico (Porto Alegre: L&PM, 2014), sobre a influência da mística em geral nos beats americanos. Os dois volumes são um bom modelo de pesquisa historiográfica da relação entre autores, movimentos poéticos e místicas, com ênfase específica no braço maldito, contestador, vanguardista da mística e da poesia. Os dois livros de Willer são a prova definitiva de que relação entre mística e poesia não pode ser associada imediatamente a conservadorismo.

Aqui, chegamos ao ponto: Eduardo está preocupado, em toda sua pesquisa e pensamento, em criar novas relações e possibilidades de abordagem, em ir para as fontes originais em busco do que mantém de potência e atualidade, e não em simplesmente preservar e documentar saberes e obras.

Desta forma, ao retrabalhar o simbolismo, busca tanto resgatá-lo do sequestro efetuado pelo modernismo, que retirou dele as suas capacidades transformadoras, quanto do sequestro de seus leitores prioritários nas duas décadas, que focaram em estudá-lo por um viés conservador.

Se, de um lado, há uma tentativa de negação para a constituição, pelo movimento moderno, de uma origem ex-nihil, tirando o simbolismo do seu lugar de instaurador de um primeiro modernismo, como é visto tanto na Europa como em outros países latino-americanos, por outro, há a tentativa de acomodação do simbolismo como uma vertente conservadora na temática e na forma, que não condiz com a realidade. Desde a postura política e comportamental até os estudos de ritmos e expressões, há entre os autores simbolistas brasileiros uma inquietação renovadora que merece ser relida e repensada.

É este o exercício realizado no seu belo ensaio "Mística e antimística — teoria literária e simbolismo". Eduardo está realizando um importante trabalho de reformulação de pontos da nossa cultura. O saber hermético ou esotérico, mesmo que contra a vontade de escolas de pensamento, é inegavelmente presente em nossa cultura, mesmo na atualidade. E não é, como sempre ressalta Eduardo, de forma puramente ou necessariamente conservadora.

Enfrentando, de um lado, a religião institucionalizada, que se opõe à experiência direta, e de outro a ciência, que ao estabelecer seus métodos se opõe à liberdade de exercício, o saber hermético encontrou a partir do século XXIII na literatura e na arte um espaço de realização. Em consequência, esteve presente em muitas de suas manifestações literárias desde então, passando pelo romantismo, pelo simbolismo, pelo surrealismo, pela Beat e pela contracultura. Um fio vermelho que, ao ser negado, impede a compreensão do seu impacto na cultura e na sociedade. É a reconstrução dessa relação, de forma propositiva e potente, que Eduardo se propõe. Ou, como ele mesmo diz:

É imprescindível pensar em termos históricos. Marguerite Porete (1250–1310) é a escritora beguina mais ousada: foi queimada viva. Meister Eckhart (1260–1327) sofreu um processo de condenação no final da vida e, logo depois de morto, foi condenado. Livros foram queimados e proibidos de circular. Citei só dois exemplos, mas existem muitos. No auge da mística medieval e renascentista (XII a XVI), místicos foram vistos como uma ameaça à mediação tradicional que o clero fazia de Deus, pois declaravam ter tido um contato imediato com o princípio supremo. Na querela dos antigos e modernos, do final do século XVII, foram explicitamente intitulados de modernos. Por quê? Por serem ousados e extravagantes. Se foram queimados, presos, banidos e calados, concluo que quem mais sofreu por ter sido moderno foram eles. Nossos poetas modernos encontraram resistências, raramente, contudo, esse tipo de perseguição. Mas não precisamos comparar tormentos: na verdade, eu vejo uma ligação intrínseca entre os dois, pois ambos foram qualificados pelos conservadores de empregar linguagem extravagante. Ambos foram acusados de delirar com estranhos modos de dizer e perturbar os bons costumes.

De qualquer forma, há uma mística católica, há outra mística protestante (é o caso do pietismo) e há uma mística fora das Igrejas, que podemos colocar dentro do termo esoterismo. Muitos românticos e todos os primeiros simbolistas estavam impregnados de uma crítica ferrenha a Igrejas e se colocavam como anti-clericais, na Europa e no Brasil (aqui o centro desse movimento foi o Paraná). No simbolismo, anti-cleri-

calismo geralmente estava ligado a esoterismo. Essa é uma história muito interessante e cheia de minúcias. O papel do esoterismo na formação de uma oposição intelectual à Igreja é considerável, e de um modo de vida libertário, mais ainda. Não é à toa que, mais tarde, o movimento hippie da contracultura esteve imbuído de espiritualismo. A presença do esoterismo na imaginação literária e artística dos séc. XIX e XX em geral é imensa. Mas esotéricos não são figuras iludidas? Sim, claro que são. Veneno-remédio.

Mística e antimística

TEORIA LITERÁRIA E SIMBOLISMO

1 — TRADIÇÃO E MEDIAÇÃO

No último capítulo do livro *Dialética negativa*, intitulado "Meditações sobre a metafísica", Theodor Adorno descarta a questão epistemológica kantiana sobre como a metafísica é possível para substituí-la pela questão histórico-filosófica sobre "se a experiência metafísica ainda é efetivamente possível". Indaga-se se uma experiência extática é viável, não na eternidade, mas dentro do caráter imperfeito e perecível da temporalidade.

O que significa, aqui, "experiência metafísica" se, para Kant, os dois termos não poderiam, de forma alguma, estar juntos? Afinal, não são contrários? Sem dúvida, e é nesse nervo de contradição entre imanência e transcendência que Adorno pretende se instalar, enquanto filósofo da história. E qual o fenômeno histórico que melhor incorpora essa contradição? Não se pode evitar de mencionar aquilo que o materialismo sempre viu com muita suspeita: "O nome do corpo da mística judaica, a cabala, significa tradição. A imediatidade metafísica, lá onde ela avança o máximo possível, não nega o quanto ela é mediatizada" (ADORNO, 2009, p. 311).

A experiência de uma imediatidade espiritual, se existe, e alcançando o mais longe que puder, trai, na etimologia da categoria clássica judaica — *cabala* — uma inevitável mediação. Ela não o nega: a mística lida com a tensão entre a autoridade tradicional e instantaneidade íntima do arrebatamento. Nos seus dois polos, ela expõe transitoriedade[1].

Mas de onde Adorno tirou essa informação? Gerschom Scholem (este famoso amigo de Walter Benjamin é o importante historiador da mística judaica), numa carta datada de 4/06/1939, em resposta ao interesse de Adorno pela sua tradução do livro *Zohar*, elucida que "cabala significa, nomeadamente, em alemão, tradição", e não "experiência originária" (*Urerfahrung*). Seus maiores visionários empregaram grande energia em comentários a respeito (SCHOLEM,

1 "Transitoriedade" é uma das quatro marcas da experiência mística, segundo o clássico livro de William James (JAMES, 1995: p. 238).

1994, p. 275. Tradução nossa). A primeira frase de *A cabala e seu simbolismo*, de 1960, insiste: "A Cabala, literalmente 'tradição', isto é, a tradição das coisas divinas, é a suma judaica" (SCHOLEM, 1978 [1960], p. 7)[2]. O que possui tradição tem história, acúmulo de transmissão geracional - não eternidade. O místico está imbuído de sua cultura sagrada e, por querer revitalizá-la radicalmente, representa "o perigo de um incontrolado e incontrolável desvio [*Abirrung*, aberração] em face da autoridade tradicional": seu modo de fortalecer a tradição é pô-la em cheque (SCHOLEM, 1978 [1960], p. 26; SCHOLEM, 1973, p. 29).

2 — TRADIÇÃO DELIRANTE

Será que o modo do místico se relacionar com a tradição não é "correto", é desviante? E nesse caso ele acabaria conduzindo não a uma tradição da autoridade, ao contrário, a uma tradição delirante? Consultemos a etimologia de 'tradição': vem do latim *traditio*, que por sua vez deriva de *tradere*, "transmitir posse, ceder", formado de *trans* (além, adiante) e *dare* (dar,

2 Aqui Scholem se demora mais sobre a etimologia: SCHOLEM, 1962, p. 32-33. ROBERTS, 2014, "Cábala f. {ML. Cabala id. <Heb. qabbala: received doctrine, tradition, from qibbel: to receive. Akin to sp. alcabala, E. kabbalah}".

entregar). A tradição transmite, passa, de uma geração a outra, um conhecimento especial e sagrado.

"Delírio" vem de *deliriare* (estar louco), que provém da junção de *de* (para fora) e *lira* (sulco do arado; *lira* aqui não é o instrumento musical, com o qual muitos produzem uma etimologia fantasiosa e não poucas belas rimas[3]. Delirar é, portanto, sair fora do sulco do arado, isto é, *desviar-se da linha.* Tradição delirante é, então: a transmissão daqueles que se desviam da norma, da conduta correta. Estes necessariamente devem irritar os guardadores da boa conduta, da razoabilidade, da *retidão.*

Para que não se perca a direção certa, é imperioso conter-se, controlar-se. Tal inibição expressiva Cruz e Souza, poeta negro simbolista brasileiro, não admite, quando, no poema em prosa "Volúpia", de *Outras evocações,* deixa-se devanear em "infinitamente gozar todos os Grandes Amados, os curiosos sensibilizados do Pensamento e da Forma". Quem seriam essas personalidades tão queridas do poeta? Quem é capaz de o levar a se deleitar

3 CRUZ E SOUSA, 1995, p. 205: "Como a harmonia as cordas de uma lira.// Um anjo meigo e cândido suspira/ No coração e o purifica e beija.../ E o que ele, o coração, aspira, almeja/ É sonho que de lágrimas delira".

> nas suas vivas páginas evocativas, sagradamente, com emoção e paixão, incendiando-me nas suas chamas, perdendo-me nas suas lânguidas e extravagantes Arábias de Sonhos, subindo aos seus crepitantes delírios, às suas alucinações e crises nervosas que a mentalidade gera, mergulhando com intensidade, com profundidade, nas suas poderosas sensações (CRUZ E SOUSA, 1995, p. 714).

Possivelmente Cruz e Souza se refere aos próprios escritores que admira. Vale assinalar como ele reconhece neles a capacidade de abrasar dionisiacamente a sensibilidade do leitor, não, contudo, com mera liberação psicótica, mas com o trabalho do "Pensamento e da Forma", destacados com maiúsculas. Quem o leva a "crepitantes delírios" faz parte, portanto, de seu panteão, de sua tradição delirante: são aqueles que sabem delirar verbalmente e fazer delirar[4], não com meras exaltações, mas com extravagâncias formalmente elaboradas, para que sejam capazes de condu-

4 Se Cruz e Souza delira e faz delirar, bem como se regala com leituras deste tipo, já Michel de Certeau diferencia, em Hieronymous Bosch, a causa do efeito. CERTEAU, 2015, p. 79: "Disse-se de Bosch que ele era 'delirante'. Completamente ao contrário, ele faz delirar". Para dignificar Bosch é preciso rejeitar a hipótese de que ele se entrega ao delírio?

zir o leitor a elevar-se e imergir-se, sair do mundano e adentrar em outros espaços oníricos, "Arábias", encantadoras "alucinações". São pessoas de sensibilidade especial que se dirigem a leitores da mesma índole de modo a formar, assim, uma sorte de comunidade de intimistas solitários.

Claro que toda essa farta pompa imaginativa – "os esparramamentos e os jactos logorreicos" (MOISÉS, 1966, p. 222) – é facilmente ridicularizável. Boa parte dos críticos não perderam tal oportunidade. A começar por Araripe Júnior, que, no calor da hora, em 1894, no artigo "Movimento literário de 1893" zomba da estetização da liturgia própria do simbolismo, bem ostensiva em Cruz e Sousa: "Assim nasce o Missal. O autor, no silêncio, deixa-se assoberbar pelo delírio das grandezas. Julga-se já um sacerdote; reveste-se dos paramentos pintalgados que dançam em seu cérebro e promete pontificar" (CAROLLO, 1981, p. 201). A ironia é especialmente maldosa sabendo-se ser neste artigo que Araripe, demarcando o fato de ser o primeiro negro "sem mescla" que se torna ocidental" (CAROLLO, 1981, p. 199-200). Não satisfeito em escarnecer do poeta pela musicalidade supostamente verborreica, associa-a à uma pretensão sacerdotal que se "notório pelo talento" em nossas Letras, denomina-o de "ingênuo no meio da civilização torna signo claro de ingenuidade própria de sua raça diante da vida civilizada carioca. Em outras palavras, nada mais chinfrim do que um negro interiorano bravateando "delírios de grandezas"; e pior: grandezas espirituais.

Araripe Júnior não esconde que sua mofa pelo nosso "Dante negro" está ligada a uma repulsa mais geral pelo simbolismo: "Fossem porém o que fossem extravagantes, repetidores de coisas já conhecidas, malucos ou neurastênicos, o que é certo é que esse acidente literário, chamando a atenção de Paris, tornando-se objeto de *interwiuss*, transformou-se em moda e alastrou o mundo" (CAROLLO, 1981, p. 190). Extravagantes porém inautênticos, malucos porém contagiosos, José Veríssimo concorda com seu colega que os simbolistas brasileiros são "tão vazios de fundo quão extravagantes de forma" (CAROLLO, 1981, p. 368), forma caracterizada essencialmente pela "falta de concisão e de precisão", própria de "nefelibatas, estetas, místicos, decadistas" (CAROLLO, 1981, p. 365). Os dois grandes críticos oficiais da literatura brasileira neste período combinam um pacto implícito: é preciso conter a excentricidade dos novos.

3 — ANTIMÍSTICA

Místicos? Retrocedamos alguns séculos. Ninguém menos que o clássico poeta e crítico literário Nicolas Boileau (1636–1711) disse que "Os místicos são modernos; não se via deles na Antiguidade"[5]. Como adversário dos *Modernes* e representante dos *Anciens*, sabemos que se referindo a eles dessa forma, o autor da frase está querendo dizer que seu estilo é de muito mau gosto. Boileau não o vê senão como novidade passageira (BEAUDE, 1990, p. 7). Ele está do lado de um dos maiores antimísticos da história: Jacques-Bénigne Bossuet (1627–1704).

Bossuet exorta a seus fiéis leitores que não abram nenhum espaço "àqueles novos místicos"; cita o nome dos livros que não devem ser lidos, que contém "teologia pouco correta, expressões e exageros irregulares de certos místicos irrefletidos ou mesmo presunçosos", "com suas novidades profanas de linguagem"[6]. No livro *Instruction sur les* états *d'oraison* (1697), ele os acusa de "introduzir uma nova linguagem na Igreja que os leva a contradições" (BOSSUET, 1841, p. 26). "Não se deve esperar nem justeza nem

5 Todas as traduções apresentadas são nossas. (LESCURE, 1863, p. 23; CERTEAU, 2015, p. 173).
6 "Ordonnance sur les états d'oraison" (BOSSUET, 1836, p. 7).

precisão nestas expressões estranhas". "O que parece ter inspirado essa linguagem exagerada é que, tomando como modelo os livros atribuídos a são Dionísio Areopagita, eles o imitaram no estilo extraordinário" (BOSSUET, 1841, p. 27; CERTEAU, 2015, p. 171). Aqui o alvo de ridicularização é Jan van Ruysbroeck (1290–1381), o místico flamengo: precisamente aquele com o qual Maurice Maeterlinck, o simbolista belga, vai-se encantar e traduzir em 1891[7].

O ataque antimístico do século XVII à flagrante modernidade dos místicos é, sem sombra nenhuma de dúvida, muito diferente da desaprovação dos críticos literários ao simbolismo. Ele tinha, por trás de si, várias condenações à morte de místicos na inquisição. Vale mencionar, especialmente, que uma das mais importantes beguinas, Marguerite Porete (1250–1310), foi queimada publicamente em Paris no dia 1 de junho de 1310, sob acusação de heresia, por ter escrito o livro *Le Miroir des* âmes *simples* (*O espelho das almas simples*), que, por sua vez, muitos defendem ter influenciado um dos maiores filósofos alemães, o místico Meister Eckhart (1260–1328), do qual Martin Heidegger pegou de empréstimo conceitos como *Gelassenheit* (serenidade) e Abgeschiedenheit (desprendimento).

7 Primeira edição: RUUSBROEC, 1891.

Desde o nascimento da mística cristã *stricto sensu*, no século XII, já havia uma tradição (*antidelirante*) de condenação de suas práticas meditativas, reflexivas, intelectuais e literárias. Quando, no século XVI-XVII, ela é a acusada de ser "moderna", a palavra continha um sentido de incriminação, a ponto de, mesmo no final do sec. XVII, ainda ser capaz de aprisionar as imperdoáveis ousadias quietistas de Madame Guyon (1648–1717; ela foi aprisionada na Bastilha de 1695 a 1703) e mesmo seu defensor, o teólogo Fénelon (1651–1715; foi banido da corte em 1700), caso esse que se tornou bastante famoso e até hoje é um capítulo frequentemente revisitado da história da França. Quem foi o grande responsável por acusar e incriminar ambos? Bossuet.

Já quando os críticos literários do *fin de siècle* desqualificam o simbolismo tanto por causa de suas pretensões de instaurar uma "Religião da arte"[8] quanto pelo estilo extravagante (mesmo que este se torne o ponto de partida das celebradas inovações modernistas), os simbolistas não são nem queimados nem

8 CRUZ E SOUSA, 1995, p. 459: "Sol imortal [...] ouve esta Oração que te consagro neste branco Missal da excelsa Religião da Arte", lê-se no primeiro poema em prosa do livro *Missal* (primeiro livro somente de Cruz e Sousa publicado, tido como inaugurador do simbolismo no Brasil).

encarcerados por isso. No caso do Brasil, eles só são menosprezados, apagados e quase esquecidos. Não é pouco.

É na mais estrita diferença histórica que começam as semelhanças. Os místicos foram um dos tipos sociais que mais sofreram na pele as agruras de empregar uma linguagem original, esquisita e consequentemente ser *moderno*. Não se pode deixar de suspeitar que provavelmente foi o místico quem sofreu a mais grave opressão por tais motivos, e não os modernistas – nossos heróis. Ao mesmo tempo, desde o modernismo que os místicos tendem a ser considerados (geralmente por quem os desconhece e não os estuda), tanto por um senso comum acadêmico quanto até por um senso comum laico cultural como: conservadores (HANEGRAAFF, 2012, p. 77-152).

Semelhantemente, os simbolistas, especialmente no Brasil, defenderam a bandeira dos *novos*, insurgindo-se contra o meio acadêmico da literatura e da arte, engajando-se como republicanos e abolicionistas, publicando revistas e livros introduzindo versos livres, poemas em prosa, inovando o vocabulário, enfrentando a linguagem comum com uma escrita difícil e singular, confrontando a ideologia burguesa com uma vida boêmia avançada e tendo, inclusive, como seu representante principal um negro "sem mescla".

Influenciou o hoje chamado "pré-modernismo" brasileiro, que é visto como diferente do simbolismo por razões mais do que duvidosas (em outros países tal diferença não está clara) e, evidentemente, nossos grandes modernistas nasceram de seu ninho e não do parnasianismo dominante. Porém, passou-se o tempo, e o que é dito em seguida? O simbolismo foi um movimento conservador, cópia dos franceses, inautêntico e sem brasilidade.

Não é possível aqui examinar em detalhe os meandros dessa história. Pretendemos, no momento, chamar atenção para o questionamento da narrativa dominante, hoje canônica, de menosprezo do simbolismo brasileiro, a partir do descarte mais fundamental da literatura mística, que parece estar na base de um fenômeno ainda ignorado da história da cultura: *como um acontecimento histórico literário e comportamental extremamente progressista, na maior parte de sua irrupção, é reescrito como antiquado, reacionário, de modo a ser banido da cultura avançada para, de fato, passar somente a ser apreciado por tradicionalistas?*

E por que, justamente, tais acontecimentos fazem parte de uma reincidência cultural específica — cuja linhagem podemos chamar de *tradição delirante*?

4 — MÍSTICA, HISTÓRIA E DELÍRIO

O delírio dos místicos é feito do que eles acreditam ser uma "visão espiritual e sobrenatural" (RUYSBROECK, 2001, p. 44), para usar as palavras de Ruysbroeck traduzidas por Maeterlinck. Já o delírio dos simbolistas produz uma estetização dos símbolos religiosos com vistas a uma espécie de religião da arte, que, se for para ser franco, não é religião – reconduz a energia extática e entusiástica dela para o campo artístico. Ambos sofrem de sede de infinito: "Tenho sede, tanta sede!" (RIMBAUD, 2007, p. 147), "E esta sede estranha/ Me escurece a entranha"[9], diz o Rimbaud de *Uma estadia no inferno*; o homem que busca a Deus "se parece àquele que tem uma sede ardente", diz Ruysbroeck (2001, p. 25). Em suma: "o poeta é da raça dos incontentáveis", sentencia Jorge de Lima (LIMA, 1997, p. 37).

E o infinito de Rimbaud se esbalda, precisamente, em imagens: "as alucinações são incontáveis [...] poetas e visionários morreriam de inveja. Sou de longe o mais rico, sejamos avaros como o mar [...] Sou mestre em fantasmagorias" (RIMBAUD, 2007, p. 149). Tamanha ousadia e petulância diante do passado de nosso

9 RIMBAUD, 2007, p. 167, na parte intitulada "Delírios. Alquimia do verbo".

enfant terrible, não nega, surpreendentemente, a tradição, pelo contrário: "As velharias poéticas entravam em boa parte na minha alquimia do verbo" (RIMBAUD, 2007, p. 165). Ele violenta, sim, a autoridade, isto é, a sua face opressiva; mas retém, especialmente em sua *alquimia* verbal, a transmissão de passados esquecidos, ocultos.

Segundo Scholem, nunca a visão de um místico vai apresentar traços diferentes de seu entorno social e histórico: por isso um contemplativo do séc. XIII não verá automóveis nem celulares. Da mesma forma, quando o historiador da cabala e teórico da mística se pergunta "o que acontece quando um misticismo não apresenta nenhum laço com autoridade religiosa alguma", responde que, mesmo havendo autores que rejeitam "toda autoridade tradicional", os mesmos vestem "a interpretação com a mesma experiência de imagens tradicionais. Eis o que ocorre com Rimbaud [...] Eles se consideram hereges luciferianos, porém sua imaginação é permeada de imagens tradicionais" (SCHOLEM, 1978, p. 25). Em outras palavras: os mais ostensivos transgressores da modernidade dependem de sua tradição cultural tanto quanto o mais do quc suspeito tradicionalismo dos místicos medievais e renascentistas. Ironicamente, o delírio, místico ou simbolista, carece de tradição.

É essa contraditória dependência e irreverência frente à tradição que une a mística ao simbolismo. Ela justifica a ideia de uma tradição transviada, que sai dos trilhos de como se deve controlar e restringir o potencial vital da própria tradição. O que justifica nosso propósito, a partir daí: é preciso defender o uso livre, desobediente e autotransformador da tradição na literatura, no pensamento, na intimidade e no comportamento. Uma das fontes tradicionais mais ousadas para se retomar é precisamente a dos místicos, e a mais intensa releitura poética dos místicos feita no séc. XIX foi a do simbolismo, seguido, no século XX, pelo surrealismo. Essa é a tríade histórica da tradição delirante.

Afinal, de onde vem o conceito de tradição delirante? Retornemos ao Brasil do séc. XXI. Ericson Pires, um dos poetas do movimento de poesia Azougue, no livro *Cidade ocupada*, resultado de uma tese de doutorado, procura explicar sua inauguração: "O delírio faz a tradição se deslocar, trair a si mesma" (PIRES, 2007, p. 12)[10], o que, como vimos, ajusta-se bem à etimologia das palavras. A tradição se desvia a partir de sua própria tradução: "A tradução é o movimento da tradição

10 Adiante: "um real que é fruto da traição aos princípios homogeneizantes de controle", p. 311.

inventada pela traição" (PIRES, 2007, p. 164). O que interessa à tradição delirante é o incessante desvio da tradição dominante por meio do modo como a primeira traduz a segunda.

Ericson retira o sentido positivo de "delírio" de Deleuze. O filósofo francês afirma que o escritor "inventa na língua uma nova língua, uma língua de algum modo estrangeira [...] Arrasta a língua para fora de seus sulcos costumeiros, leva-a a *delirar*". É muito significativo que Deleuze se refira a "visões e audições não-linguageiras, mas que só a linguagem torna possíveis. Por isso há uma pintura e uma música própria da escrita, como efeitos de cores e de sonoridades que se elevam acima das palavras", para, daí, diferenciar as visões do escritor daquela do psicótico, que levariam ao sofrimento e caracterizariam um estado doentio. As visões da escrita, ao contrário, não são doentes: "A literatura é uma saúde" (DELEUZE, 1999, p. 9).

A sinestesia simbolista seria, então, sinal de boa disposição. Se ela não deixa de derivar de experiências com alucinógenos[11], ela quer ser uma espécie de alucinação esclarecida, isto é, elaborada verbalmente; para usar uma formulação de Benjamin referente ao

11 BALAKIAN, 1985, p. 40: "E como com o haxixe, a intoxicação produzia um estado de sinestesia, assim como o som sugeria a cor".

surrealismo: uma iluminação profana (BENJAMIN, 1994, p. 23-24).

Deleuze se baseia em Proust, que, segundo vários críticos, entre eles Edmund Wilson (WILSON, 1967, p. 100-136), está diretamente ligado ao simbolismo. E sua noção de que há pintura e música na literatura corrobora tal hereditariedade. Ericson Pires cita o último trecho de Deleuze e adere com paixão a todo o seu jargão, repetindo muitos motes teóricos dos quais estamos hoje um tanto enfastiados, contudo, o que ele seguramente acrescenta está na sua intuição certeira de que "há tradições de experimentação e ruptura ao longo da história cultural brasileira" (PIRES, 2007, p. 183), remetendo diretamente a diversas manifestações da história da arte no Brasil: Flávio de Carvalho nos anos 20 e sua Experiência n. 2, neoconcretismo, Hélio Oiticica, Lygia Clark, Ligia Pape dos anos 60 e 70, Waly Salomão, entre outros. Todos possuem em comum um "aspecto delirante" que se desvia da "tradição *standard* nacional" (PIRES, 2007, p. 183) e da critica. Já Renato Rezende, outro poeta da Azougue, serviu-se em sua tese de doutorado (na qual fomos membros da banca) do *insight* de Ericson Pires para, na mesma área das artes, desdobrar mais leituras de Flávio de Carvalho, neoconcretismo e arte contemporânea nessa chave (REZENDE, 2007, p. 94).

Embora Ericson tenha criado o conceito e dado a ele o delineamento básico, apontando seu potencial de tocar no problema chave das principais tendências da crítica brasileira de desvalorizar experiências artísticas excessivas e extravagantes, o autor se confunde com a generalização deleuziana de que toda a literatura e arte é essencialmente delirante. A pergunta que devemos colocar é a seguinte: estamos falando de um tipo de arte ou da arte e literatura como um todo? A nosso ver, a generalização dilui o enorme potencial crítico do *insight* de Ericson. Para que ele se explicite, é preciso imergir a fundo no que seria, de forma mais determinada e determinante, as raízes da tradição delirante, não só em Flávio de Carvalho e no neoconcretismo, mas naquele movimento literário que, seguramente, é o precursor, promotor, defensor e praticante fundamental do delírio literário moderno: o simbolismo.

Se Ericson não toca nem na mística, nem no simbolismo nem no surrealismo (somente em Artaud), ele perde, inclusive, a especificidade da ideia de delírio verbal ao qual Deleuze se baseia, e cuja fonte é simbolista. Nosso intuito, então, é especificar a tradição delirante em relação a outras correntes literárias e artísticas para aproveitar o potencial genuíno do conceito, com vistas a tirar do abandono o movimento simbolista brasileiro, desde o início jogado na penumbra e, a partir de seu gosto pelos excessos estilísticos, acompanhar o desenrolar da tradição delirante posterior, cujo ponto de chegada se encontra em toda a produção crítica e editorial de Sergio Cohn e sua editora Azougue, que tem feito um esforço inédito tanto de retomada dessa memória quanto de sua revitalização e atualização produtiva no movimento da revista Azougue, desde os anos 90.

Dar uma perspectiva crítica renovada à valorização do simbolismo brasileiro e suas derivações subsequentes, em específico e, no pano de fundo *tradicional* dela, entrever o papel fundamental da literatura mística medieval e renascentista para a eclosão do delírio moderno é, também, um modo de mostrar a conexão íntima, inventiva, entre momentos históricos distintos, em que um ilustra reciprocamente o outro. O propósito desafiador desse projeto de releitura da poesia brasileira inclui, necessariamente, o compromisso ético de retirar da sombra e do desprezo trabalhos libertários de grande valor, ao buscar exercitar nossa acuidade crítica para compreendê-los e traduzi-los a olhos que a princípio não veem neles senão verborragia, vã pretensão, "delírios de grandezas".

Não só se torna perceptível, nas semelhanças e diferenças dos simbolistas aos místicos, de que forma os primeiros fazem da figura do monge uma curiosa metáfora do recolhimento do poeta incompreendido na cidade burguesa, como também observar os místicos com olhos simbolistas torna mais visível o seu caráter subversivo, arredio, indócil frente ao controle implacável da Igreja. Os místicos são, em sua maioria, libertários: basta retirar sua leitura de um espaço teológico conservador e pedir ajuda de seus filhos legítimos em fervor e extravagância. Quem nos ajuda especialmente aqui, no âmbito internacional, é Maeterlinck; no nacional, Dario Veloso. Ou seja: a enorme diferença entre místicos e simbolistas (que estamos longe de ignorar, na sua abismal distância histórica) é aquilo mesmo que garante a riqueza de sua cintilante *afinidade eletiva* – o pendor delirante – para nos servirmos de um conceito que se origina da alquimia e ao qual Michael Löwy (LÖWY, 1989, p. 13-18, 169-170) defende, com insistência e propriedade, um uso rigorosamente metodológico.

5- SIMBOLISMO E HISTÓRIA DA MÍSTICA

5.1 Simbolismo e romantismo

Primeiro aspecto metodológico a ser considerado é como tratar dos períodos literários. É muito comum na teoria literária, já faz algum tempo, duvidar de sua importância, seja porque eles dão a impressão de uma história linear em que vão se sucedendo sem dar conta de uma simultaneidade múltipla e distinta de fatores históricos, seja porque eles não compreendem os casos de obras e autores mais singulares, que sempre ultrapassam as características de um movimento, seja porque as fronteiras entre uma geração e outra são mais do que imprecisas, seja porque a própria simultaneidade indiferente de estilos do contemporâneo determinou nossa releitura do passado. As falhas patentes da periodização a partir dos movimentos provocaram um anseio de superação deles. Contudo, dificilmente será possível falar de um momento histórico sem denominá-los e, mesmo que seja para desconstruí-los, é preciso estudá-los. Logo, não há, a rigor, ultrapassagem possível na relação com os diferentes períodos: há, a partir de certa ruptura com um olhar crente e ingênuo diante deles, um uso carregado de desconfiança, *desmistificado*. Bem ou mal, eles criaram um quadro básico de fenômenos estéticos. Só podemos precisar a singularidade de um acontecimento literário, em relação a eles, a partir deles. Nesse caso, nossa proposta é tomar um dos períodos como eixo histórico de uma tendência delirante da literatura que atravessa os tempos. Outros teóricos fizeram o mesmo, isto é, utilizando um período com base para leitura de um caráter geral.

Não à toa, um dos melhores pensadores da poesia moderna, decisivo para nossos propósitos, sustenta que o romantismo é não só o primeiro movimento literário da modernidade, mas também o mais importante: Octavio Paz. Paz justifica a raiz protestante, inglesa e alemã, do romantismo e sua ruptura radical de visão de mundo e mesmo de "crença" em relação ao passado. Sua recusa do formalismo neoclássico quis inundar a vida de uma visão analógica do universo animada pelo ritmo verbal, que se revitaliza a partir da poesia popular, em sua simplicidade e sensibilidade, contrárias ao artificialismo do engenho (PAZ, 1984, p. 83-92).

Quando Paz desembarca no "modernismo" de fim de século hispano-americano, que, diga-se de passagem, é o simbolismo (a figura central é Ruben Dario), julga que "O modernismo foi o nosso verdadeiro romantismo e, como no caso do simbolismo francês, sua versão foi uma metáfora e não uma repetição: *outro* romantismo" (PAZ, 1984, p. 117). Agravando a confusão dos termos, Paz reduz o simbolismo a um segundo momento do romantismo e, no caso da América hispânica, acredita que esse foi o seu *verdadeiro* romantismo. Entretanto, é ele mesmo que rejeita o romantismo "dos manuais", de Musset e Lamartine, e assinala o *verdadeiro*: Nerval, Hugo do período final, herdeiros diretos do romantismo inglês e alemão de Blake e Novalis: "Na realidade, os verdadeiros herdeiros do romantismo alemão e inglês são os poetas posteriores aos românticos oficiais, de Baudelaire aos simbolistas" (PAZ, 1984, p. 91). Ora, que ideia mais confusa: o *verdadeiro* romantismo é justamente aquele que vai dar no... simbolismo? O melhor romantismo é aquele que será o precursor precisamente daquilo que entendemos por simbolismo e, no entanto, o simbolismo é o *verdadeiro* romantismo?

A nosso ver, Paz se complica: argumenta a favor da centralidade do romantismo na modernidade, embora rejeite em bloco o romantismo oficial e selecione somente aquele da analogia, da subversão rítmica e transgressão antiburguesa para, afinal, indicar o desabrochar do romantismo autêntico no... simbolismo. De fato, a tradição da ruptura de Paz é, em grande parte, aquilo que entendemos por tradição delirante. Mas faltou alguém dizer ao brilhante teórico mexicano que o eixo central, o *manjar*, não está propriamente no romantismo, está no olhar visionário do simbolismo. *Afinal, é o simbolismo e, posteriormente, o surrealismo que vão filtrar aquilo que interessa do romantismo.*

Portanto: em nosso ponto de vista da história da poesia, pretendemos trabalhar com a ideia de que é o simbolismo, e não o romantismo, o eixo central do que mais interessa da poesia moderna. É nele que se situa o despontar nítido e real da tradição delirante, sendo o surrealismo, em seguida, o seu principal desdobramento.

5.2 Mística

Segundo aspecto metodológico a ser considerado é como tratar, numa pesquisa acadêmica, a mística como objeto de estudo. Antes de mais nada, imprescindível formular as seguintes questões: é preciso acreditar na mística e defendê-la fervorosamente como a verdade *ad vitam aeternam* e fonte dos segredos da *anima mundi* para estudá-la? Ou, no outro polo extremo: é preciso exibir sem parar todas as formas possíveis de repulsa e distanciamento da mística para ser levado a sério quando se toca nela em estudos acadêmicos? Será que a mística é algo tão atraente e perigoso assim? Ela deve mesmo sempre exigir de todo estudioso universitário uma postura tão tensa e desconfortável? Ame-a ou deixe-a?

Se não entendermos o que está por trás dessa polarização congelada que teve seu período de explosão em outros tempos e até hoje não nos permite experimentar um ambiente mais distenso e desapaixonado, não será possível nenhum avanço. É imperativo – caso desejemos nos ocupar do assunto, como é o nosso caso – um esforço de larga reflexão epistemológica e metodológica a respeito do lugar da mística na sociedade ocidental, o modo de abordagem dela nas ciências humanas e a especificidade de sua relação com meios e sistemas literários (GRUBER, 1997, p. 19-21).

Em primeiro lugar: a dispensa da mística nos espaços públicos está ligada a um antagonismo institucional e ideológico entre cultura laica e cultura religiosa no Ocidente. A Europa foi a primeira grande civilização que iniciou uma radical rachadura entre Estado e religião. O nascimento das ciências está diretamente ligado a uma rejeição insistente e laboriosa não só de crenças religiosas, míticas, supersticiosas, como também de todo um vocabulário, gestualidade, ritualística, ocupações e ambientes de convívio. Enfim: a conquista do espaço laico, artístico, científico ou acadêmico, dependeu, num primeiro momento, de violentas rachaduras culturais e, num segundo, da construção de muros. Lá na Igreja faz-se assim, aqui não. Não precisamos lembrar ao leitor o esforço constante do professor de garantir a frágil independência dos espaços laicos educacionais (MÜLLER, 2003, p. 74).

"Mística" é uma palavra que significa muitas coisas. Procurar diferenciar "misticismo" de "mística", tentar enobrecer uma para dispensar outra como estratégia de se enobrecer academicamente, não necessariamente ajuda. Vamos trabalhar agora com dois fenômenos históricos concretos, mas bem diferentes, aos quais ela está ligada. O primeiro é aquilo que eu chamo de mística *stricto sensu*: uma literatura do séc. XII ao XVII derivada do monasticismo mas bem diferente dele, composta majoritariamente de tratados de elevação da alma que privilegiam ou o arrebatamento visionário ou o momento extático da participação da alma esposa em Deus, isto é, no Cristo esposo, cuja ápice anagógico desenvolve uma sofisticada teologia negativa (vinda de fontes da patrística, neoplatonismo e de pseudo-Dionísio Areopagita, inventor da teologia negativa cristã), diferentemente da preocupação dominante do monasticismo no momento purgador, ascético, de controle dos corpos e pensamentos. Foi esse fenômeno que fez surgir escritoras beguinas, místicos germânicos especulativos e místicos do século de ouro espanhol. Algumas dessas personagens históricas foram inteiramente ou parcialmente aceitas pela Igreja depois de seu conflito com ela em vida, outras nunca o foram. De qualquer modo, a teologia geralmente se ocupa delas e lhes atribui distinção, enobrecendo-a, diante de qualquer coisa que cheire a "esoterismo". Aqui percebemos que a área mais tradicional e não laica da academia edificou, depois de um bom tempo de conflito, um certo abrigo a essa mística, como um tesouro de seu saber acumulado.

Os nomes mais representativos são: Hildegard de Bingen (1098–1179), a mais importante visionária medieval, no sentido estrito do termo; seu amigo Bernardo de Claraval (1090–1153), enquanto introdutor da mística nupcial; Marguerite Porete (1248– 1310), a mais ousada beguina; Meister Eckhart (1260–1327), considerado o primeiro grande filósofo dialético alemão, traduzido pelo anarquista Gustav Landauer em 1903 (ECKHART, 1903); Jan van Ruysbroeck (1293–1381), traduzido por Maeterlinck em 1891; Teresa de Ávila (1515–1582), a mais citada pelos simbolistas brasileiros[12]; João da Cruz (1542–1591), que mereceu um ensaio de Valéry (1957, p. 445-457).

12 CRUZ E SOUSA, 1995, em *Broquéis*, p. 91: "Nos êxtases dos místicos os braços/ Abro, tentado da carnal beleza.../ E cuido ver, na bruma dos espaços,/ De mãos postas, a orar, Santa Teresa!..."; *Missal*, p. 489: "essa Visão seráfica, nervosa, histérica, ideal — a Santa Teresa mística da Arte"; em *Evocações*, p. 525: "uma Santa Teresa, bela e ascética nos cilícios da religião do Amor". Cabe apontar que há um belo livro de prosa poética de Francisco Mangabeira ficcionando a santa: MANGABEIRA, 1906.

O segundo é aquilo que chamamos de filósofos da natureza renascentistas, ou filosofia oculta, hermetismo, cuja doutrina da semelhança foi estudada por Foucault em *As palavras e as coisas* (FOUCAULT, 2000, capítulo "A prosa do mundo", p. 23-62), mas cuja primeira grande desbravadora do assunto é Frances Yates, em *Giordano Bruno e a tradição hermética*, existente do século XIV ao XVII. Estes também mantém o horizonte dos tratados de elevação, incluem a teologia negativa a partir do neoplatonismo e Dionísio, porém eles produzem, além disso, um sistema cosmológico e alquímico que propõe uma magia culta, erudita, elevada, integrando-se a fontes pagãs (textos atribuídos a Hermes Trismegisto) e cabala, cristianizando-os (YATES, 1995, p. 30). Assim, ao mesmo tempo que absorvem algo do saber mágico popular, pretendem elevá-lo à chave gnóstica de leitura da assinatura oculta das coisas, encontradas através de analogias sutis entre diferentes elementos terrestres e corporais, entre a terra e o céu, entre o mundo celeste e o supraceleste. Embora eles tivessem a ambição de iniciar uma reforma da Igreja, a teologia viu neles uma inaceitável ameaça para sua pura espiritualidade. Yates argumenta que foi esse olhar ávido de retirar conhecimento não só de conceitos abstratos e experiências tidas como espirituais, mas da própria natureza, que preparou a vinda da ciência no século XVII[13].

Citemos Agrippa von Nettesheim (1486–1535), o grande sistematizador da "filosofia oculta" e autor de um surpreendente livro feminista (AGRIPPA, 2007); Giordano Bruno (1548–1600) frade dominicano acusado de panteísmo, por defender a infinitude do universo, condenado à morte na fogueira[14]; Tommaso Campanella (1568–1639), também dominicano, autor da obra utópica *Cidade do sol* (1623); Jakob Boehme (1575–1624), grande visionário teósofo que influenciou todo o esoterismo francês e idealismo alemão.

O que essas duas místicas possuem em comum, além das emanações neoplatônicas, teologia negativa e busca ávida de realidades divinas indizíveis é mesmo um sedutor "delírio de grandezas", sem, contudo, conquistar nada de concreto para além dos sublimes

13 YATES, 1995, p. 495: "O próprio fato de o mundo hermético e mágico de Bruno ter sido, durante longo tempo, considerado avançado, pois anunciaria uma nova cosmologia resultante de uma revolução científica, é por si mesmo uma prova da afirmativa de que 'Hermes Trismegisto' desempenhou um grande papel na preparação dessa revolução [...] estaria incompleta a história do aparecimento da ciência moderna sem a história da sua fonte geradora".
14 Para quem imagina que a imagem correta de Bruno é de um mártir da ciência, está muito iludido. YATES, 1995, p. 494: "Qual é a verdade? Bruno era um mago rematado, um 'egípcio', um hermetista ferrenho para quem o heliocentrismo copernicano anunciava o retorno da religião mágica".

encantamentos subjetivos que tais visões de mundo produzem em quem as produz e estuda, o que tanto irrita a sensatez de modestos cientistas, burgueses cobiçosos de resultados lucrativos e eclesiásticos sisudos de sua sagrada autoridade.

Contudo, a *máthêsis* universal do século XVII precisou de uma violenta abominação desse saber hermético para que pudesse desenvolver o seu real domínio empírico da natureza. Foi nessa época que apareceram as primeiras histórias da filosofia alemães, que, primeiro, contestaram veementemente os filósofos naturais para, em seguida, reduzirem-nos a pequenas notas desprezíveis e, num terceiro momento, apagarem tais nomes e assuntos de suas histórias. Tais historiadores protestantes iluministas pretendiam separar o "joio" do "trigo", praticando um combate antiapologético que via no neoplatonismo hermético uma contaminação pagã sincrética no cristianismo: Jacob Thomasius (1622–1684), Christian Thomasius (1655–1728), Christoph August Heumann (1681–1764) e o mais brilhante, Johann Jacob Brucker (1696–1770). Eles foram antimísticos ainda mais bem-sucedidos que Bossuet (HANEGRAAFF, 2013, p. 56-69). Foram eles que estabeleceram ao mesmo tempo o espaço laico e o descarte da filosofia oculta da academia. Assim, enquanto a verdadeira ciência nascente ganha espaço na universidade, a filosofia hermética é rejeitada impetuosamente tanto pela Igreja quanto pela ciência, até virar um saber inútil, infrutífero, vão, cultuado em meios esotéricos (é no século XVII que nascem sociedades Rosacruzes) mas enxotado de qualquer espaço público e indigno de atenção.

Entretanto, ela não desapareceu assim tão fácil. Foi justamente um cientista, fundador da academia sueca, que resolveu se *converter* a ela e se arvorar a sábio conhecedor do mundo espiritual: Emanuel Swedenborg (1668–1773), o criador da teoria das correspondências, sucesso *best seller* de seu tempo, escreveu uma obra imensa de dezenas de tomos propondo uma nova versão da analogia oculta. Ela fará a passagem dos restos de hermetismo renascentista para o século XVIII. O poder de encantamento da semelhança encontrou aí novo vigor. Swedenborg foi alvo de ataque do maior dos filósofos iluministas, Immanuel Kant, que lhe dedicou um livro (KANT, 1976; KANT, 1989; DAVID-MENARD, 1996). Serviu como exemplo central, inclusive, para que Kant entendesse melhor a estrutura ilusória da metafísica como um todo.

Muitos se aborreceram profundamente com Swedenborg, mas boa parte dos românticos se maravilharam com ele até tal admiração atingir escritores da estatura de Balzac e Baudelaire. Nesse meio tempo,

Louis Claude de Saint-Martin (1743–1803) redescobre fascinado Jakob Böhme (assim como, no campo literário e filosófico, Novalis, Schelling, Hegel que, por sinal, também leem com fervor os místicos estritos, como Eckhart) e o traduz para o francês, fundando assim o martinismo. A partir daí, floresce um profuso esoterismo e espiritualismo francês, por vezes misturado com o socialismo (exemplo claro disso é Charles Fourier, 1772–1837), em ondas de moda que atingem a primeira metade do século XIX e chegam na segunda influenciando decisivamente vários precursores do simbolismo para terminar por se fundir com o próprio. Tal cooperação foi estudada com minúcia por Alain Mercier, em *Les Sources ésotériques et occultes de la poésie symboliste (1870–1914)* (MERCIER, 1969; MERCIER, 1974).

Tivemos de esboçar sinopticamente a base histórica das duas noções para apresentar com mais clareza o quanto a mística está intrinsecamente ligada à história da cultura ocidental. Ao mesmo tempo que ela foi dispensada do racionalismo iluminista, que passa a ser identificado com o "Ocidente", sua vertente oculta contribuiu para o surgimento da ciência, seja como precursora, seja como seu mais profundo antagonista. As vertentes mais significativas da literatura moderna acolheram esse saber de algum modo em seus anseios extáticos e utópicos (aliás, é na filosofia oculta que nasce a literatura utópica moderna[15]), até finalmente aparecer a assunção do idealismo simbolista.

Voltemos às questões do início: é preciso acreditar na mística para estudá-la? O gosto dos escritores modernos por ela serve para darmos mais crédito a seus delírios gnósticos?

Resposta: não. É possível mantermos uma abordagem estritamente materialista e histórica da relação das diferentes místicas com a literatura moderna, sem cairmos no canto da sereia de acreditar que seu deus esposo existe, ou que suas cosmologias alquímicas e astrológicas estão descrevendo os elos ocultos com uma realidade superior.

É preciso exibir sem parar todas as formas possíveis de asco e distanciamento da mística para ser levado a sério quando se toca nela em estudos acadêmicos?

Resposta: também não. Não vemos nenhum sentido em ostentar nosso materialismo com gestos constantes de aversão. Também não precisamos esconder que podemos perfeitamente nos deliciar com a leitura encantadora dos místicos, assim como os simbolistas, surrealistas, Fernando Pessoa, Guimarães Rosa e

15 Além do explícito exemplo de *A cidade do sol* de Campanella, Yates defende que há influência hermética na *Utopia* de Thomas More (YATES, 1995, p. 212).

Borges o fizeram, sem necessariamente acreditar em suas doutrinas.

Há uma grande diferença entre a mística e a literatura moderna que se serve dela. A primeira produziu sim literatura de altíssimo nível, é uma das vertentes da fina flor da literatura medieval e renascentista, bem como da filosofia e teologia, também. Mas ela não é ficção. Acredita no que diz. A literatura moderna, diferentemente, buscou a autonomia da ficcionalidade, portanto não inclui convencimento nem de verdade nem de sistemas[16]. É basicamente por isso que aceitamos os encantamentos e desencantamentos simbolistas, que é extremo nos dois pólos: seu decadentismo *spleen* é niilista; sua correspondência é um grande reencantamento do mundo. Como diz Octavio Paz, a poesia moderna é feita de analogia e ironia (PAZ, 1984, p. 102-103).

Contudo, agora aparece outra importante questão: por que não podemos apreciar a literatura e filosofia mística como ficção? Por que não é possível lê-la desencantado de suas verdades, mas deslum-

16 GRUBER, 1997, p. 23: Bettina Gruber observa que esse nem sempre é o caso: William Blake tinha pretensões gnósticas em sua variante expansiva do Gênesis. Muitas vezes o princípio crítico de tratar o texto literário como ficção se esquece de que alguns escritores não estavam tão distantes assim de uma atitude esotérica.

brando-se com seus minuciosos exercícios poéticos de semelhança, bem como suas complexas especulações negativas, com a mesma liberdade da perspectiva textual de Borges[17]? Por que não é possível dar valor estético, antropológico e filosófico a essa parte essencial da cultura ocidental, e que o "Ocidente" fez de tudo para dispensar como o Outro de si mesmo? E nós, latino-americanos tupiniquins, seguimos essas mesmas polarizações da formação do poder e saber institucional de nossas ex-colônias, sem nenhuma visão minimamente crítica delas? Seguiremos implementando Ordem e Progresso nas universidades?

Não é preciso manchar a reputação racionalista do Ocidente levando em conta a riqueza mesma de seu irracionalismo pretensamente sistemático? Sim, pouco ou mal sistematizado no seu sincretismo, não importa, importa que a exigência de que a obra seja au-

17 No prefácio que escreveu sobre do livro Obras místicas, de Swedenborg, Borges, curiosamente, ao contrário do que fazemos aqui, nega que o místico sueco tenha delirado (o que lembra a atitude de Certeau com Bosch, acima). BORGES, 1985, p. 185: se Swedenborg "tivesse enlouquecido, não ficaríamos devendo à sua pena a posterior redação de milhares de metódicas páginas que equivalem a um trabalho de quase trinta anos e que nada têm a ver com o delírio". A defesa de Borges da seriedade de Swedenborg é enérgica; se há ironia, é outra questão. Ele ainda polemiza em relação ao costume de acreditar em visões antigas e não modernas: "Em que precisa data cessaram as visões verdadeiras e foram estas substituídas pelas apócrifas?", p. 185.

sente de pretensões, seja somente ficcional, literária, não deveria ser nenhuma proibição para apreciações estéticas, ou para-estéticas, na fronteira confusa entre os saberes e os intuitos.

E mais: em tempos de radical questionamento dos resultados devastadores do racionalismo, base da tecnocracia que destrói o ecossistema planetário, enfim, em tempos de antropoceno, cientistas críticos e antropólogos filósofos estão apontando para o respeito à natureza praticado pela sabedoria indígena. Mania constante do Ocidente, hoje herdada pela globalização pós-moderna: para se contrapor ao seu racionalismo, ele foge de si mesmo e vai buscar sabedoria na Índia (o que ocorre desde os tempos do simbolismo), na China, no Japão e, é claro, como não poderia deixar de ser, nos índios latino-americanos; na Yoga, no budismo, no xamanismo – na Europa, não. Continuemos repudiando sua irracionalidade e cultuando a irracionalidade dos outros. Até que ponto isso não reflete justamente a ideologia imaculada do bom e velho Ocidente orientalista? Não é do seu interesse que continuemos seguindo esse modelo?

Não está na hora de colocar lado a lado delírios de homem branco com delírios de índios e negros, compará-los, diferenciá-los[18] e, naturalmente, atentar para o seu potencial comum de crítica de uma visão de mundo dominadora da natureza? Curioso nisso tudo é que haja, sim, tal potencial na filosofia oculta, mesmo quando ela participa do desejo de dominar a natureza magicamente e antecipa a dominação tecnocrática em seus "delírios de grandeza" (YATES, 1995, p. 491-492). O que ela não tinha como realizar, sonhou. O que sua filha bastarda, a ciência, renegou, foi, justamente, o sonho, realizando-o empiricamente, monstruosamente. A filosofia oculta se tornou uma mãe renegada e quase que totalmente esquecida. Quase: não para as correspondências simbolistas, menos ainda para seus herdeiros do século XX e XXI. Há muito o que ser desvelado numa reflexão dialética

18 É o que o antropólogo Ioan Lewis fez neste clássico estudo de estados de possessão (LEWIS, 1971). Ele discute com estudiosos da mística cristã (p. 23-29), problematiza a nova moda extática e ocultista da contracultura de seu tempo e produz uma importante classificação minuciosa, ao longo do livro, das modalidades de possessão, com exemplos concretos de diversas partes do mundo, comparando sempre com casos europeus mais tradicionais, como a mística nupcial de Bernardo de Claraval (p. 71) e curandeiras populares como a sueca Catharina Fagerberg, acusada de feitiçaria ainda em 1732 (p. 83). Michel de Certeau, no final de *A fábula mística*, assemelha a busca da linguagem mística cristã e a busca da poesia moderna (ele cita um poema de Catherine Pozzi) por sons anteriores à significação à busca de "xamãs índios" por "uma música – um canto de ave ou de vento – que faça nascer neles o que eles ainda não sabem" (CERTEAU, 2015, p. 478).

de seu papel na história do esclarecimento[19].

Não são poucos grandes críticos que advogaram a favor do valor da mística e do esoterismo para a literatura e cultura moderna: (André Breton[20], Octavio Paz[21], Harold Bloom[22], Walter Benjamin[23], Michael

19 Os maiores esforços nesse sentido foram de Antoine Faivre, professor de ciência da religião da École Pratique des Hautes Études, da Sorbonne, ocupando a cadeira de história do esoterismo ocidental e são, mais recentemente, de Wouter Hanegraaff, professor de história da filosofia hermética da Universidade de Amsterdam, presidente da European Society for the Study of Western Esotericism (ESSWE).

20 (BRETON, 1986) Depois de arrolar vários exemplos de escritores modernos influenciados pelo esoterismo, Breton arremata: "Mesmo não sendo do agrado de certos espíritos que só se sentem à vontade na imobilidade e no óbvio, na arte esse contacto não cessou e tão cedo não cessará de ser mantido", p. 77.

21 PAZ, 1984, p. 125: "A influência da tradição ocultista entre os modernistas hispano-americanos não foi menos profunda que entre os românticos alemães e os simbolistas franceses. No entanto, embora não a ignore, nossa crítica apenas se detém nela, como se isso se tratasse de algo vergonhoso. Sim, é escandaloso, porém certo: de Blake a Yeats e Pessoa, a história da poesia moderna do Ocidente está ligada à história das doutrinas herméticas e ocultas, de Swedenborg a madame Blavatsky". Em seguida, Paz cita longamente o mesmo livro de Breton acima.

22 BLOOM, 1991, p. 62: "Mais audaciosa do que todos os desenvolvimentos a que chegou a crítica francesa recente, a Cabala é uma teoria da escrita, mas uma teoria que nega a distinção absoluta entre a escrita e a fala inspirada, assim como nega a distinção humana entre presença e ausência".

23 (BENJAMIN, 1972, p. 553-555) Numa resenha do livro de Rolland de Renéville chamado L'expérience poétique, de 1938, Benjamin ironiza os defeitos do autor, que fala de relações entre poesia moderna e ocultismo, e sente falta de "uma verdadeira história da poesia esotérica" que não só se demore "no reino da inspiração", p. 554.

Löwy[24], Michel de Certeau[25]; no Brasil, mais recentemente, a admirável tese de Claudio Willer, 2010). Alguém deve responder a esse desafio.

Referências Bibliográficas

ADORNO, Theodor. *Dialética negativa*. Trad. Marco Antonio Casanova. Rio de Janeiro: Jorge Zahar, 2009.

AGRIPPA, Henricus Cornelius. *Declamation on the Nobility and Preeminence of the Female Sex*. Chicago: The University of Chicago Press, 2007.

BALAKIAN, Anna. *O simbolismo*. Perspectiva: São Paulo, 1985.

BEAUDE, Joseph. *La mystique*. Paris: Fides, 1990.

BENJAMIN, Walter. *Gesammelte Schriften III*. Org. Hella Tiedemann-Bartels. Frankfurt am Main: Suhrkamp, 1972.

______. *Magia e técnica, arte e política. Ensaios sobre literatura e cultura*. São Paulo: Brasiliense, 1994.

24 (LÖWY, 1989, p. 20) O autor busca mostrar como a visão de mundo revolucionária de intelectuais judeus anarquistas e marxistas está ligada ao messianismo judaico.

25 CERTEAU, 2015, p. 482: "Desse espírito de ultrapassagem, seduzido por uma intocável origem ou fim chamado Deus, parece que subsiste principalmente, na cultura contemporânea, o movimento de partir sem cessar, como se, por não mais poder fundar-se sobre a crença em Deus, a experiência guardasse somente a forma e não o conteúdo da mística tradicional".

BLOOM, Harold. *Cabala e crítica.* Rio de Janeiro: Imago, 1991.

BORGES, Jorge Luis. *Prólogos: com um prólogo dos prólogos.* Rio de Janeiro: Rocco, 1985.

BOSSUET, Jacques Bénigne. *Oeuvres complètes de Bossuet:* Évêque *de Meaux, Band 11.* Paris: Lefèvre, 1836.

______. *Oeuvres complètes de Bossuet, Band 14.* Paris: Outhenin-Chalandre, 1841.

BRETON, André. *Arcano 17.* São Paulo: Brasiliense, 1986.

CAROLLO, Cassiana. *Decadismo e simbolismo no Brasil: Crítica e poética.* Rio de Janeiro: Livros Técnicos e Cientificos Ed., 1981.

CERTEAU, Michel de. *A fábula mística séculos XVI e XVII: volume 1.* Rio de Janeiro: Forense, 2015.

CRUZ E SOUSA, João da. *Obra completa.* Rio de Janeiro: Editora Nova Aguilar, 1995.

DAVID-MENARD, Monique. *A loucura na razão pura: Kant, leitor de Swedenborg.* São Paulo: Ed. 34, 1996.

DELEUZE, Gilles. *Crítica e clínica.* São Paulo: 34, 1999.

ECKHART, Johannes. *Meister Eckharts mystische Schriften.* Trad. e introd. Gustav Landauer. Berlin: Schnabel, 1903.

FOUCAULT, Michel. *As palavras e as coisas. Uma arqueologia das ciências humanas.* São Paulo: Martins Fontes, 2000.

GRUBER, Bettina (Org.). *Erfahrung und System: Mystik und Esoterik in der Literatur der Moderne.* Opladen: Westdeutscher, 1997.

HANEGRAAFF, Wouter J. *Esotericism and the academy: rejected knowledge in western culture.* Cambridge: Cambridge University Press, 2012.

______. *Western esotericism: a guide for the perplexed.* London: Bloomsbury, 2013.

JAMES, William. *As variedades da experiência religiosa: um estudo sobre a natureza humana.* Trad. Octavio Mendes Cajado. Cultrix: São Paulo, 1995.

KANT, Immanuel. *Träume eines Geistersehers, erläutert durch Träume der Metaphysik.* Stuttgart: Reclam, 1976.

______. *Sueños de un visionario explicados mediante los ensueños de la metafísica.* Cadiz: Universidad, D.L., 1989.

LESCURE, M. de. *Journal et memoires Mathieu Marais.* Paris: Firmin Didot frères, 1863.

LEWIS, Ioan. Êxtase religioso. *Um Estudo Antropológico da Possessão por Espírito e do Xamanismo.* São Paulo: Perspectiva, 1971.

LIMA, Jorge de. *Poesia completa: volume único.* Rio de Janeiro: Nova Aguilar, 1997.

LÖWY, Michael. *Redenção e utopia. O judaísmo libertário na Europa central: um estudo de afinidade eletiva.* São Paulo: Companhia das Letras, 1989.

MANGABEIRA, Francisco. *As visões de Santa Thereza.* Porto: Empreza Literária e Typográphica, 1906.

MERCIER, Alain. *Les Sources* ésotériques *et occultes de la poésie symboliste (1870-1914): Vol. 1, Le symbolisme Francais (1870-1914).* Paris: A.-G. Nizet, 1969.

______. *Les Sources* ésotériques *et occultes de la poésie symboliste (1870-1914): Vol. 2, Le symbolisme européen (1870-1914)*. Paris: A.-G. Nizet, 1974.

MOISÉS, Massaud. *A literatura brasileira: O simbolismo (1893-1902)*. São Paulo: Cultrix, 1966.

MÜLLER, Alois. Wie laizistisch ist Frankreich wirklich? Von der kämpferischen zur offenen Laizität. In: BROCKER, Manfred; BEHR, Hartmut; HILDEBRANDT, Mathias (Org.). *Religion - Staat - Politik: zur Rolle der Religion in der nationalen und internationalen Politik.* Wiesbaden: Westdeutscher Verlag, 2003.

PAZ, Octavio. *Os filhos do barro: do romantismo à vanguarda.* Rio de Janeiro: Nova Fronteira, 1984.

PIRES, Ericson. *Cidade ocupada.* Rio de Janeiro: Aeroplano, 2007.

REZENDE, Renato. *Linhas de força do contemporâneo – arte brasileira.* 270 f. Tese (Doutorado em Artes). Instituto de Artes, Universidade do Estado do Rio de Janeiro, Rio de Janeiro, 2007.

RIMBAUD, Arthur. *Prosa poética.* Trad. Ivo Barroso. Rio de Janeiro: Topbooks, 2007.

ROBERTS, Edward A. *A comprehensive etymological dictionary of the Spanish language with families of words based on Indo-European roots, Volume 1, (A-G).* Bloomington: Xlibris, 2014.

RUUSBROEC, Jan van. *L'ornement des noces spirituelles de Ruysbroeck l'Admirable.* Trad. Maurice Maeterlinck. Bruxelles: P. Lacomblez, 1891.

RUYSBROECK L'Admirable. *L'ornement des noces spirituelles*. Trad. e introd. Maurice Maeterlinck. Cortaillod: Arbre d'Or, 2001.

SCHOLEM, Gerschom. *A cabala e seu simbolismo*. São Paulo: Perspectiva, 1978 [1960].

______. *Briefe I. 1914-1947*. Org. Itta Shedletzky. München: C. H. Beck, 1994.

______. *Ursprung und Anfänge der Kabbala*. Berlin: Walter de Gruyter, 1962.

______. *Zur Kabbala und ihrer Symbolik*. Zürich: Suhrkamp, 1973.

VALÉRY, Paul. Cantiques spirituels. In: *Oeuvres, vol. I*. Paris, Gallimard, 1957.

WILLER, Claudio. *Um obscuro encanto: gnose, gnosticismo e poesia moderna*. Rio de Janeiro: Civilização Brasileira, 2010.

WILSON, Edmund. *O castelo de Axel: estudo acerca da literatura imaginativa de 1870-1930*. São Paulo: Cultrix, 1967.

YATES, Frances. *Giordano Bruno e a tradição hermética*. São Paulo: Cultrix, 1995.

Cadernos Ultramares

1. O movimento modernista *Mário de Andrade*
2. As ideias fora do lugar *Roberto Schwarz*
3. Temporalidades *Gabriel Cohn*
4. O ressentimento no Brasil *Maria Rita Kehl*
5. A grande porta do medo *Rogério Duarte*
6. O entre-lugar do discurso latino-americano *Silviano Santiago*
7. A fratura brasileira do mundo *Paulo Arantes*
8. A Gaia Ciência — Literatura e música popular no Brasil *José Miguel Wisnik*
9. Breve história crítica do feminismo no Brasil *Carla Rodrigues*
10. A paixão de Clarice *Benedito Nunes*
11. Vampiros & coqueiros *Jorge Mautner*
12. O homem cordial *Sérgio Buarque de Holanda*
13. Pedaços *Luiz Rosemberg Filho*
14. Antropofagia Zumbi *Suely Rolnik*
15. Alegoria, modernidade, nacionalismo *Ismail Xavier*
16. O dois e seu múltiplo *Tânia Stolze Lima*
17. A roupa da Rachel *Heloísa Buarque de Hollanda*
18. Experimentar o experimental *Hélio Oiticica*
19. O futuro da ideia de autor *Francisco Bosco*
20. A estética do frio *Vitor Ramil*
21. No palácio de Moebius *Nuno Ramos*
22. Sobre a potência política do inumano *Vladimir Safatle*
23. O problema da filosofia no Brasil *Bento Prado Jr.*
24. Toda comunidade é fascista? Um elogio do nomadismo *Márcio Seligmann-Silva*
25. Revisão dos cem anos de canção brasileira *Luiz Tatit*
26. A produção tardia do teatro moderno no Brasil *Iná Camargo Costa*
27. O espetáculo da miscigenação *Lilia Moritz Schwarcz*
28. Textos tropicais *Antonio Risério*
29. Geração revoltada *Antônio de Alcântara Machado*

30. She don't lie *Tales Ab'Saber*
31. Retrato do Brasil — parte I *Paulo Prado*
32. Retrato do Brasil — parte II *Paulo Prado*
33. Discurso aos tupiniquins ou nambás *Mário Pedrosa*
34. Arte e tecnologia *Mário Schenberg*
35. Política urbana no Brasil *Raquel Rolnik*
36. Mística e antimística *Eduardo Guerreiro B. Losso*
37. Surrealismo no Brasil *Claudio Willer*
38. A inserção do negro e seus dilemas *Joel Rufino dos Santos*
39. Arte afro-brasileira: o que é afinal? *Kabengele Munanga*
40. "Cultura" e cultura: conhecimentos tradicionais e direitos intelectuais *Manuela Carneiro da Cunha*
41. Zoopoéticas contemporâneas *Maria Esther Maciel*
42. Ouvindo Racionais MC's *Walter Garcia*
43. Cultura e alienação *Darcy Ribeiro*
44. Borges e Machado: clássicos e formativos *Luís Augusto Fischer*
45. Por um cinema sem limite *Rogério Sganzerla*
46. Do quasi cinema ao transcinema *Katia Maciel*
47. A melancolia de Ulisses *Olgária Matos*
48. Jamais fomos humanos *Fréderic Vandenberghe*
49. Mal-estar, sofrimento e sintoma *Christian Dunker*
50. O ensaio como narrativa *Pedro Duarte*
51. Manifesto dos educadores *1932-1959*
52. Em busca da sociologia não paroquial *Renan Springer de Freitas*
53. Inquérito nacional de arquitetura *1961*
54. Tradição delirante *Ericson Pires*

www.ingramcontent.com/pod-product-compliance
Ingram Content Group UK Ltd.
Pitfield, Milton Keynes, MK11 3LW, UK
UKHW062304290726
14090UKWH00018B/878

9 786586 962710